AF263493

L'HOROSCOPE

DE

L'ANNÉE 1873

Par un JÉSUITE

Prix : 20 cent.

CHEZ TOUS LES LIBRAIRES

ET CHEZ LE TRADUCTEUR

43, rue des Missions, 43

PARIS

L'HOROSCOPE

DE L'ANNÉE 1873.

L'HOROSCOPE

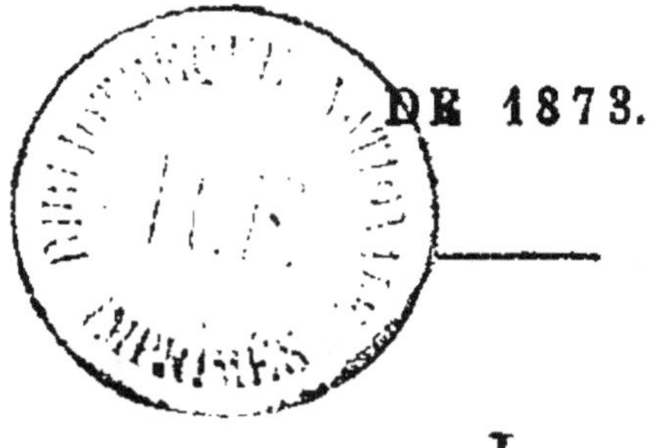

DE 1873.

I.

Depuis le jour où Napoléon III, déchaînant la révolution en Italie, jeta la perturbation dans toute l'Europe, toujours ont surgi, au commencement de chaque année, de nombreux pronostics, différents les uns des autres selon la manière de voir de ceux qui les faisaient. Mais, en cette année 1873, il n'en est pas de même. Jamais accord plus grand n'a régné que parmi les pronostics qui accompagnent l'aurore de ce nouvel an.

Le présage général est que cette année 1873 doit être une année remarquable dans l'histoire. Nous avons entendu parler les bons et les méchants, les catholiques et les incrédules : tous sont unanimes à prédire que l'an 1873 sera affligé par de grands et terribles maux. Les uns l'appellent une année climetérique ; les autres, une année fatale ; ceux-ci, l'année de la justice de Dieu ; ceux-là, raisonnant par induction, prétendent que l'année 1873 verra s'accomplir des événements mémorables, parce que, pendant les dix-neuf siècles de l'ère chrétienne, l'année 73e de chaque siècle en a vu de semblables. D'autres, employant un style demi-cabalistique, et faisant l'addition des années les plus remarquables de la chronologie de Pie IX, concluent que cette nouvelle année, qui donne une somme égale à la somme susdite, sera une année éminemment mémorable dans son Pontificat. Enfin, grand nombre d'érudits, fort versés dans les prophéties récentes, annoncent que 1873 verra la fin de la captivité du Vicaire de Jésus-Christ, et du joug qui opprime la ville sainte ; car il a été prédit que les calamités ne devaient guère durer plus de trois années. A l'expiration de ce terme, le bras du Tout-Puissant exterminera les Héliodores et les Hérodes modernes avec leurs partisans, et la Vierge immaculée rendra la paix à l'Eglise.

Quoiqu'il en soit de tout cela, il est incontestable que, généralement parlant, la nouvelle année s'ouvre sous les auspices d'une crainte véritable. Les maux extraordinaires qui ont signalé l'année précédente, maux dont les fatales conséquences sont léguées en héritage à l'année présente, deviennent pour elle des présages de fort mauvais augure.

Ce serait bonheur pour nous de dissiper ces sinistres pressentiments et d'exciter les esprits de nos lecteurs à l'espérance d'un avenir heureux. Nous voudrions qu'il nous fut possible de dépeindre cette année naissante sous des couleurs de rose et avec des traits de prospérité, tels que notre cœur le désirerait. Mais, en vérité, nous croirions, en le faisant, mentir à nos lecteurs et à nous-mêmes, car il est malheureusement trop évident, pour quiconque a des yeux pour voir, que l'horoscope de l'année 1873 est loin d'être heureux, gai et porteur de choses florissantes.

Et, en effet, soit que nous regardions, comme on a coutume de le dire, de haut en bas et de bas en haut, nous n'apercevons immédiatement que des sujets de tristesse. Du côté de l'homme, nous voyons le monde déjà fort avancé dans la période d'un cataclysme social, dont on ne saurait entrevoir la solution. Du côté de Dieu, nous voyons le monde déjà soumis à une série de fléaux, dont il serait difficile de conjecturer le terme.

Il est bien vrai que, dans ce cas plus que dans aucun autre, il y a lieu de se souvenir du *Post nubila Phœbus* du poëte, et du *Cum iratus fueris misericordiam facies* des saintes Ecritures. Tob. III, 13. Nous avons donc une ferme confiance que le Phébus allégorique, ou, mieux encore, la miséricorde du Seigneur notre Dieu, ne tardera pas à briller sur la face de la terre. Aussi sommes-nous convaincus que les nuages qui portent dans leurs flancs la colère divine doivent d'abord se décharger, et que c'est au glaive de la justice qu'il appartient de commencer par aplanir la voie au triomphe de la miséricorde infinie. Nous aurions donc grandement tort de chercher à persuader à nos lecteurs que, s'il est vrai que la nouvelle année doive être riche en événements, ces événements ne doivent être généralement que des événements de colère et de châtiment.

II.

Et en effet, examinons un peu l'héritage de périls et de misères dont, par une loi inévitable de succession, l'année 1873 a hérité de l'année 1872.

Nous trouvons la famine régnant presque partout, occasionnée par des inondations sans précédent, par des intempéries obstinées, par la rareté des bonnes récoltes, par l'aggravation d'impôts excessifs. Nous trouvons le *choléra* qui, de l'Orient de l'Europe, menace d'envahir, pour la quatrième fois, l'Occident et le Midi. Nous trouvons la variole, la dyssenterie et le typhus exerçant leurs ravages, surtout dans les pays visités par les inondations, sans préjudice pour les maladies pestilentielles ou contagieuses qui pourraient s'ajouter à la famine. Nous trouvons enfin la guerre civile qui ensanglante l'Espagne ; la guerre internationale prête à éclater d'un jour à l'autre, et la guerre sociale, la guerre entre celui qui possède et celui qui n'a rien : guerre ardemment désirée et soufflée avec acharnement en tout lieu par les sectes communistes et socialistes.

Cette masse déjà si énorme de périls et de misères, nous la voyons encore aggravée par ce désordre affligeant et épouvantable au dernier point, qui, partout, se produit et livre une guerre à mort à tout ce qu'il y a de plus sacré et de plus inviolable dans la religion, dans la morale et dans la véritable civilisation. Cela est si vrai, que rien n'est négligé pour ravir aux peuples affamés, épuisés, tyrannisés, les moindres consolations de la foi, les derniers freins de la conscience, et exciter en eux les passions les plus abjectes de la nature corrompue. Et, pour comble de mal, cet affreux désordre a ses sources dans les agissements insensés et monstrueux de plusieurs gouvernements, qui, de propos délibéré, se font un jeu de conduire les nations sur les bords de l'abîme qui les engloutira.

Qu'il en soit ainsi, il suffit pour s'en convaincre d'examiner d'où vient la persécution envers l'église catholique ; d'où aussi la légitimation de la corruption : d'où, enfin, le trouble des ordres civils.

En Allemagne, le gouvernement s'est mis lui-même à la tête de la guerre déclarée au catholicisme, qui cependant est la religion professée par 13,000,000 de ses sujets. — En Espagne, le Gouvernement foule sous ses pieds les droits du culte national, et se venge contre le clergé des défaites journellement infligées à ses armées par les partis ennemis. — En Italie, le gouvernement vit sur les biens volés à l'Eglise, dont il occupe la métropole; il tient captif le Souverain-Pontife, et n'a, pour vivre, d'autre ressource que celle d'ourdir la ruine de la catholicité. — En Suisse, le Gouvernement s'use le cerveau à inventer de nouveaux moyens pour ravir aux catholiques la liberté juridique de leur confession.

Il en est absolument de même dans les autres contrées. Partout les gouvernements se montrent les tristes complices des attaques dirigées contre la religion, ou les indifférents, pour ne pas dire les bienveillants spectateurs des iniquités de tout genre commises à son préjudice.

Tels sont les aspects qui font que la nouvelle année commence au milieu des fureurs d'une persécution sourde, lâche et infâme, déclarée à l'É-glise de Jésus-Christ; persécution qui embrasse l'Europe presqu'entière, et a, pour instruments puissants, les pouvoirs publics, inspirés et aidés par la secte antichrétienne de la Franc-maçonnerie.

Mais comme la moralité disparaît là d'où la religion s'en va, il en résulte que nous voyons encore ces gouvernements devenir eux-mêmes les ardents propagateurs de la pire des corruptions, qui est celle des intelligences, — en répandant dans leurs institutions un enseignement qui déprave et avilit la dignité humaine ; en soutenant, au moyen des lois de privilége, les maîtres de l'erreur et du blasphème ; en protégeant la licence effrénée d'une presse qui ne connaît ni Dieu, ni pudeur ; et, pour comble d'iniquité, en favorisant le vice dans ses formes les plus scandaleuses et les plus ignobles. Et certes, il serait superflu de donner des preuves de ces iniquités ; il suffit de les affirmer, car il n'est personne qui les ignore, personne qui ne les voie.

Les fondements de toute société, qui ne sauraient être autres que le respect de la religion et la pratique de la morale, se trouvant ainsi ébranlés partout, — n'est-il pas évident que l'ordre social doit, lui aussi, être troublé de fond en comble ? Et cela n'est malheureusement que trop vrai. Les gouvernements recueillent partout les fruits amers de l'impiété et de la corruption qu'ils ont semées, à pleines mains, parmi les peuples.

De tout côté, ils voient surgir contre eux un ennemi intestin, puissant par le nombre, audacieux, qui prétend reconstruire les assises de l'ordre social, en s'arrogeant non-seulement le droit de la souveraineté, mais aussi ceux de la propriété. Son cri de guerre est *Mort aux rois ! Mort aux riches !* — Le communisme, avec toutes ses divergences, qui existent plus de nom que de fait, ne se dresse-t-il pas, en effet, à l'heure présente, avec toutes ses menaces en face des gouvernements prétendus libéraux, progressifs et modernes ? N'est-il pas vrai qu'il ne veut rien moins que tirer exclusivement à son profit les conséquences pratiques de la liberté, du progrès et de la modernité, dont les gouvernements eux-mêmes ont les premiers invoqué jusqu'à ce jour les principes funestes, pour fouler aux pieds les droits de Dieu, de l'Eglise et de la conscience, parmi les peuples chrétiens. N'est-il pas vrai encore que cet ennemi devient chaque jour plus puissant et plus audacieux, et qu'il se prépare à livrer prochainement sa bataille décisive ? Cet ennemi se compose de l'armée nombreuse des démocrates, des radicaux, des socialistes de tous les pays, et il a pour auxiliaires les phalanges innombrables de cette populace, dans le cœur de laquelle les gouvernements, avec leurs perfidies maçonniques, ont exterminé le Christ, éteint la foi, excité les passions, alimenté la dépravation.

Telles sont les épouvantables conditions sociales dans lesquelles se trouve, en général, l'Europe, au commencement de la nouvelle année. Elles ne sont autre chose qu'une conjuration permanente des sectes démocratiques : conjuration ayant pour but la destruction des pouvoirs monarchiques. C'est encore la guerre, latente aujourd'hui, mais déclarée demain, du socialisme contre les capitalistes.

III.

Non moins terrifiant est l'aspect de l'état général de la politique. Le droit des gens est aujour-
d'hui entièrement aboli; et, à sa place, règne
partout l'empire de la force, primant le droit.
Celui qui a raison, c'est celui qui est le plus fort
et le plus habile à trahir son voisin. Et, en effet,
quelle est la valeur actuelle des traités interna-
tionaux? L'ancien traité de Vienne est relégué
depuis longtemps parmi les vieux papiers. Celui
de Paris est déchiré et ne tardera pas à avoir le
sort des fameux traités de Zurich, de Prague, et du
15 septembre 1864. Reste le traité plus récent de
Francfort. Mais quel est l'homme de bon sens, en
France et en Allemagne, qui lui donne une valeur plus grande que celle du morceau de papier
sur lequel il est écrit?

Avec le droit des gens a disparu aussi l'anti-
que probité de la diplomatie. Les relations d'État

à État se réduisent à celles qui dirigent les affaires parmi les juifs. Chacun cherche à duper l'autre. Les guerres les plus atroces se préparent, secrètement et au milieu des plus belles promesses, contre les victimes désignées pour l'expoliation et l'assassinat. Les *Casus belli* ne naissent pas d'eux-mêmes, cela ne leur est pas permis ; mais on les crée sur leurs deux pieds et tout prêts au combat. N'est-ce pas ainsi qu'ont agi Cavour et Napoléon III en 1859, Bismark en 1866, et, de nouveau, Napoléon III en 1870. En sorte, bien rusé celui qui pourrait certifier que la guerre n'éclatera pas à l'improviste sur l'Europe. Et pendant ce temps là, tous les États, grands et petits, s'arment jusqu'aux dents, et se regardent tous, plus ou moins, de travers.

La trève européenne se trouve, tout entière, au commencement de cette nouvelle année, entre les mains de deux hommes seuls : M. Thiers, l'illustre Président de la république française, et Bismark, l'infernal chancelier de l'empire allemand. Or, Bismark n'est pas seulement le pourvoyeur des intérêts germaniques, il est vendu corps et âme à la franc-maçonnerie. M. Thiers est non seulement chargé d'années, mais son pouvoir est souvent vacillant. Une mort, une imprudence, la nécessité de frapper un coup désespéré peuvent mettre, aujourd'hui ou demain, le feu aux poudres, et allumer en Europe une guerre furibonde. Et, en vérité, quel est le politique, si habile qu'on le suppose, qui serait capable de dire, seulement d'une manière probable, que la trève se prolongera encore six, huit ou dix mois?

Au reste, l'épouvantable incertitude qui règne dans l'état général de l'Europe n'est-il pas aussi la triste condition des principaux Etats, pris en particulier.

La France est un champ de bataille, où s'agitent encore les Prussiens. Au dedans, les socialistes disputent le gouvernement aux partis monarchiques et conservateurs. Les choses y vont si mal, grâce à l'absence de tout patriotisme chez les uns et chez les autres, qu'il est moralement impossible, malgré l'habileté consommée du Président de la République, à la grande et magnanime nation de sortir des difficultés qui l'étreignent, sans un bouleversement qui pourrait mettre en péril son intégrité, et ébranler les autres Etats. Vienne une révolution qui donnerait le pouvoir aux socialistes : il est certain qu'elle sera le signal d'une rupture inévitable avec la Prusse : et qui pourrait dire les conséquences de cette rupture? Donc, pour quiconque étudie sérieusement et à tête reposée, les conditions dans lesquelles se trouve la France, il y a lieu de craindre que les socialistes ne soient les plus forts, et que le jour de leur victoire ne soit plus proche qu'on ne se l'imagine, si tous les hommes qui composent le parti de l'ordre ne réunissent, en un seul faisceau, toutes leurs forces, et n'immolent. sur l'autel de la patrie leurs idées personnelles, pour songer uniquement à sauver la France du danger imminent qui la menace.

L'Allemagne, dirigée par un homme qui est l'instrument de la franc-maçonnerie, — avide de conquête, — rempli de haine contre la France vaincue, mais non défaite, aspire à une autre guerre, à une guerre à mort contre elle. En attendant l'heure, Bismark tend ses pièges à l'Autriche, à la Suisse, à la Belgique et à la Hollande, dont il convoite les meilleures possessions. Et l'Autriche, et la Suisse, et la Belgique et la Hollande le savent ; et elles préparent leurs armes ; et elles multiplient le nombre de leurs bataillons ; et elles tournent leurs regards inquiets vers la puissante Russie, qui se tait et dissimule merveilleusement ses pensées, se gardant bien de laisser deviner en faveur de qui elle se prononcera.

L'Angleterre,—rongée jusqu'à la moelle par le

socialisme, dépourvue de toute autorité au de-
hors, humiliée par les récentes sentences arbi-
trales de Genève et de Berlin,—est descendue du
rang de première puissance. Elle n'est plus, dans
le concert européen, qu'une grande compagnie
commerciale, n'ayant d'autre souci que celui
de sauver à tout prix, avec ou sans honneur,
ses trafics dans le monde. L'Angleterre porte
ainsi la peine que lui a méritée la fatale politique de Palmerston.

L'Espagne est en dissolution ; elle gémit sous le
sceptre d'un roi d'aventure qu'elle repousse ; elle
est étranglée par un gouvernement sans pudeur,
contre lequel elle s'insurge ; cinq ou six factions
s'y disputent le pouvoir ; ses plus belles provinces
sont arrosées du sang de ses enfants. Elle n'a
ni armée, ni marine, ni trésor public, ni crédit,
ni ordre. Elle est une vraie malade politique ; un
type concret de la félicité idéale, sur lequel la
franc-maçonnerie se propose de faire le bonheur des peuples chrétiens.

L'italie, réunie par l'épée étrangère en un
seul Etat, gémit sous le poids de maux difficiles à
définir. Le gouvernement, qui l'opprime, épuise
les souffles de. sa vie agonisante au service du
potentat qui lui promet une agonie plus longue.
A cet effet, il consume ses forces languissantes

à dénaturer la nation, à détruire toute grandeur en elle, et à la dépouiller de son unique gloire, qui est le Pontificat romain. En un mot, le gouvernement italien a avili la majestueuse ville des Papes, à ce point d'en faire un atelier, où il forge à l'Italie les chaines de la servitude étrangère, et où il aplanit à l'ennemi les chemins de la conquête.

Le mauvais génie de Napoléon III a tiré le gouvernement piémontais de sa paisible résidence de Turin, pour l'entraîner dans la perfide *étape* de Florence : et, à son tour, le mauvais génie de Bismark l'a attiré dans la *trappe* fatale de Rome. — Le gouvernement est à Rome, et il y restera, s'écrie-t-on, et qui pourrait en douter? Oui, il y restera. — Mais, pendant ce temps-là, la Péninsule est ballotée par tous les vents; elle est dévorée par le paupérisme, perdue de confiance, irritée, unanime à blâmer et à maudire les auteurs de sa déchéance morale et matérielle. Le royaume d'Italie attend, lui aussi, les événements, et sa vie toute entière est dans cette attente. Pour lui, tout dépend d'une seule chose, que personne ne prévoit, mais que chacun sent.

Tels sont, esquissés en quelques traits de plume seulement, les dangers et les maux de toute sorte, qui, au commencement de 1873, menacent et étreignent de tout côté notre monde civil.

« Ce qui domine aujourd'hui en Europe, (écrivait, il y a quelques jours, un journaliste libéral), c'est surtout le malaise : état indéchiffrable de l'âme, mais qui nous remplit de pensées étranges ; qui nous fait interrompre nos conversations naturelles ; qui nous fait porter un œil inquiet sur les nouvelles publiées à chaque instant ; qui nous fait demander au voisin, à l'ami, à l'homme politique, — que y a-t-il de nouveau ? En tout cela, et peut être ne nous en rendons-nous pas bien compte, entrent pour beaucoup la peur de l'avenir, l'inquiétude morose qui vient de l'inconnu, ce besoin inné de prévoir à temps, pour parer les coups de la mauvaise fortune, afin qu'elle ne nous trouve pas dépourvus de tout, lorsqu'elle surviendra. (*Gazette du peuple de Florence*). »

Nous avons signalé les causes génératrices de ce malaise et de cette terreur, que ressentent les Libéraux eux-mêmes. Nous avons considéré seulement le côté historique, et en regardant du toit en bas, il nous reste maintenant à recourir à des considérations plus élevées.

IV.

Maintenant, si nous portons nos regards en haut, et si nous considérons les périls et les maux présents, à la lumière de la foi chrétienne, nous avons encore bien plus sujet de craindre que l'année nouvelle ne soit mémorable par les manifestations de la justice de Dieu.

Il ne faut pas se faire illusion. Le monde est sous l'influence de la colère céleste ; l'horrible état moral et social, dans lequel il est plongé en est la preuve ; et toutes les commotions physiques, — tempêtes, inondations, météores, maladies — qui l'affligent, en sont la manifestation éclatante.

Les savants, ces endormeurs de la conscience publique, ont beau dire que ces phénomènes se répètent et se reproduisent dans la nature ; que les pluies, les chaleurs, les vents, les tempêtes, les éruptions volcaniques et autres, ne sont que des phénomènes qui ne dépassent pas la mémoire d'homme, — il n'en est pas moins certain que la nature est gouvernée par Dieu ; qu'elle n'est que la manifestion sensible de sa main invisible ; que tous les éléments sont soumis à sa puissance infinie ; qu'il ne se détache pas de l'arbre une seule feuille sans sa permission ; que Dieu dirige également le monde naturel et le monde surnaturel, — et qu'il se sert des perturbations matérielles pour châtier les prévarications morales des hommes. Or, personne ne saurait nier que les calamités atmosphériques et terrestres, subies par l'Europe jusqu'aux derniers jours de l'année précédente, n'aient été et plus fréquentes et plus terribles qu'à l'ordinaire. Donc, il suffit d'avoir la moindre parcelle de bons sens chrétien pour reconnaître aussi que c'est la main de Dieu qui nous frappe. Et, par conséquent, comment ne pas admettre que l'année 1873 commence sous les coups épouvantables d'une Providence vengeresse.

Quant à nous, il nous semble que les coups de la droite du Seigneur ne feront que se multiplier et grandir, et cette douloureuse conjecture, nous la fondons sur trois arguments de fait incontestables. — Le premier argument, c'est que les fléaux passés n'ont, jusqu'à cette heure, fait impression que sur une faible portion du peuple pécheur. Au lieu de venir à résipiscence, le plus grand nombre a refusé de reconnaître pour ce qu'ils sont les maux qui nous affligent. — Le second argument c'est que, malgré ces terribles avertissements du ciel, la guerre diabolique suscitée contre Jésus-Christ et son Eglise, n'a fait que prendre des proportions plus grandes, et provoquer partout la colère de Dieu par toute sorte de blasphèmes, de sacriléges et d'iniquités toujours plus énormes les uns que les autres. — Le troisième argument, c'est que les bons et les justes se troublent, prient beaucoup, versent des larmes abondantes. Or, qui pourrait douter que les afflictions, les prières et les larmes des amis de Dieu n'aient un grand poids dans la balance de la justice éternelle.

Supposé que ces trois faits soient vrais, comme ils le sont réellement : supposé que la nouvelle année s'ouvre, comme elle s'ouvre réellement, sous les influences de la colère du Très-Haut; il ne reste plus à nos lecteurs qu'à voir si nos conjectures doivent être regardées comme imprudentes, ou si elles ne doivent pas être plutôt considérées comme très-raisonnables.

Que l'on ne vienne pas nous dire que, sauf le fait fort naturel des météores des mois précédents, les extraordinaires réservés, on ne voit rien, dans la marche des affaires politiques, qui annonce des bouleversements prochains. A cette objection nous répondrons, d'abord, que, à l'heure présente, le monde politique est hérissé de difficultés de tout genre. Nous répondrons, en second lieu, que c'est précisément l'incertitude de la marche politique du monde qui donne lieu à craindre plus pour ce que l'on ne prévoit pas que pour ce que l'on voit. On voit que tout va mal, et on prévoit que, de ce pas, tout ira encore plus mal. Mais quel sera donc ce *plus mal ?*

Le souvenir des événements de la fatale année 1870 est encore vivant dans notre mémoire. Qui, dans le premier semestre, aurait pu prévoir ce qui arriva dans l'autre ? Qui, pendant le mois de mai où Napoléon III obtint dans son quatrième plébiscite près de dix millions de suffrages, aurait pu dire que, trois mois plus tard, ce puissant monarque se serait précipité dans l'abîme où il périt ? Qui pouvait présager, alors, les rapides et terribles défaites de la belliqueuse France ? La majorité, et même un grand nombre de mécréants, vit, dans ces revers subits de la fortune, un coup éclatant de la verge de Dieu, et le confessa alors de vive voix et par écrit. Et aujourd'hui que des motifs de craindre des châtíments semblables et plus exemplaires, se sont encore augmentés par l'accroissement des crimes sociaux et des défis jetés à Dieu, comment se fait-il donc que l'on ne voie pas les causes immédiates qui portent la tempête dans leurs flancs !

Quant à nous, dans toute cette tour de Babel de la politique européenne, nous distinguons deux signes qui devraient être un sujet de terreur pour ceux qui connaissent l'histoire. Ces deux signes sont — la longue prospérité des persécuteurs de l'Eglise, et la violence de leurs persécutions. — Leur prospérité si constante nous assure que Dieu se réserve de les châtier, au moment où ils y penseront le moins et de la manière la plus inopinée. Et, pour preuve, voyez ce qu'il est advenu des deux Bonaparte. — L'acharnement de leurs persécutions nous assure qu'elles ne sauraient durer longtemps. « Généralement, a dit un esprit observateur, la durée des persécutions est en raison inverse de leur violence, parce que la bonté divine, qui gouverne le monde, ne permet jamais que l'épreuve soit au-dessus de la force ; elle ne reste jamais longtemps sans exaucer les prières des opprimés. »

Le 27 novembre 1872, le ministre italien Visconti Venosta affirma au parlement, que le royaume d'Italie et l'empire d'Allemagne ont un *ennemi commun* à combattre. Tout le monde sait que cet ennemi n'est autre que la Papauté, l'Episcopat catholique et l'Eglise catholique avec ses institutions, son organisation, son existence. L'empire et le royaume combattent ensemble, le premier en maître, et le second en humble serviteur, cet ennemi commun. Tous deux jouissent d'une telle prospérité dans leurs entreprises, que c'eût été folie d'oser y songer. Tous deux ont déjà brisé de rudes lances contre cet ennemi commun. Le maître tourmente de toute façon plusieurs membres de cet ennemi, et le serviteur tient, pour son compte, le chef en captivité. Telle est la marche des choses, au commencement de cette année 1873. Qui pourrait dire comment cette année marchera vers sa fin? Que Bismark, le maître, et Visconti, le valet, se gardent d'oublier que le commencement de 1870 trouva Napoléon III à l'apogée de sa puissance, et que le déclin de la même année le trouva plongé dans un abîme d'ignominie.

V.

Cependant, que l'on se garde bien de croire que, en traçant ainsi l'horoscope de la nouvelle année, nous avons la moindre intention de nous poser en prophète de mauvais augure. Une telle prétention est certes bien loin de notre idée. De l'observation attentive des circonstances au milieu desquelles s'ouvre cette année, nous n'avons fait que déduire, à l'aide d'un simple raisonnement, certaines conjectures, dont la probabilité est établie par l'appréhension qui tient même les méchants dans l'inquiétude. Oui, dans tout ce que nous avons observé, étudié et touché, en quelque sorte, de la main, tout nous porte à croire que nous arrivons à ce moment, que, dans le style des saints, l'on appelle *l'heure de Dieu* ; mais l'heure qui succède à celle des triomphes de satan ; heure qui brise, foudroie et disperse les œuvres du démon et de ses coopérateurs; heure qui commence par la justice et finit ensuite par la miséricorde ; heure que les fidèles serviteurs de Dieu espèrent plus qu'il ne la redoutent, attendu que les manifestations de la justice sont à leurs yeux le précieux gage de la miséricorde.

La justice purifie, et la miséricorde guérit. Le monde est malade : la peste maçonnique, semblable à un affreux cancer, le ronge jusqu'à la moelle. Pour le guérir, il est nécessaire qu'il subisse une purification entière, et c'est à la justice de Dieu qu'il appartient de la lui administrer d'une manière infaillible. Après cette purification, viendra assurément la guérison de la miséricorde. Que nous réserve l'avenir ? Pour le connaître, il n'est nullement besoin d'être prophète : il suffit d'avoir le jugement droit et chrétien, c'est-à-dire éclairé à la double lumière de la foi et de l'histoire.

La suite des événements démontrera si tous les présages qui courent sur cette année sont imaginaires ou véridiques. Nous terminons cet article en la souhaitant la moins mauvaise possible à nos bien-aimés lecteurs. Nous les exhortons non-seulement à ne pas abandonner les bonnes espérances, que leur cœur nourrit d'entendre sonner l'heure de la miséricorde de Dieu, mais encore de vivifier de plus en plus cette espérance, certains qu'il doivent être que, lorsque l'épée vengeresse du ciel commencera à briller sur la tête des impies, ce sera alors plus que jamais le moment de dire : *Nunc propior est nostra salus, quam cum credidimus.*

Chartres. — Imp. de Georges Durand, rue de l'Hospice.

CHARTRES. — IMPRIMERIE GEORGES DURAND.